DOCUMENS

GÉNÉALOGIQUES

SUR

LA FAMILLE DE MARTRIN,

D'après l'ouvrage de M. H. de BARRAU

SUR LES FAMILLES

DU ROUERGUE.

Rodez,

IMPRIMERIE DE N. RATERY, RUE DE L'EMBERGUE, 24.

—

1856.

DE MARTRIN,

Seigneurs d'Esplas, de Ferrayrolles, de Saint-Martin et de La Ginie.

(Famille maintenue par M. Le Pelletier, intendant de Montauban, le 14 avril 1699, sur titres remontant à 1546.)

ARMES : *D'or, à l'aigle éployé, couronné de gueules.*

Le château d'Esplas, anciennement *des Plos* ou *des Plots* (de Planis), assemblage de quatre corps-de-logis, liés par des tours, avec cour intérieure, est situé dans un enfoncement circulaire que présente, à son sommet, une des montagnes de l'ouest de Camarès. Son existence remonte, d'après des titres, à l'année 1261. Dans la cour est une vaste citerne creusée dans le roc, ayant seize mètres de profondeur.

La tour du nord, véritable donjon de forme carrée, est remarquable par sa force et sa solidité. Les murs, construits en dalles énormes, ont 1 mètre 70 centimètres d'épaisseur. Avant la Révolution, elle était armée de trois canons et de douze fusils de rempart (1).

Les trois autres tours sont rondes et de moindre dimension. En 1793, elles furent démolies jusqu'au niveau du reste des bâtimens.

Les fossés ont depuis longtemps été comblés par les débris du mur extérieur d'enceinte, et leur place se trouve aujourd'hui marquée par de gracieuses plantations.

Le château d'Esplas commande le village qui est bâti tout autour.

(1) Un de ces canons avait été donné, à titre d'honneur, au seigneur d'Esplas, par le roi Charles VIII. Enlevé pendant la Révolution par les autorités de Valence, il fut rendu plus tard à M. de Martrin, qui habite cette petite ville et le possède encore.

En 1261 , Guillaume du Pont, seigneur du Pont-de-Camarès, maria sa fille Jeanne à Bernard de Bérenger de Malemort , et lui donna en dot les fiefs d'Esplas, de Lauzières et de Saint-Martin , qu'il détacha de sa terre principale. Telle est l'origine de l'ancienne seigneurie d'Esplas , dont Bernard de Martrin fit l'acquisition de Brenguier de Malemort et d'Arnaud Brenguier, son fils, le 30 décembre 1349.

Il suit de là que la terre d'Esplas pouvait être considérée comme baroniale , car saint Louis , dans le but d'affaiblir la haute féodalité , avait disposé dans ses *Etablissemens* que lorsqu'à l'avenir un seigneur titré démembrerait sa terre pour doter un de ses enfans , la partie démembrée conserverait le titre de la terre mère. Or, c'est bien sous l'empire des *Etablissemens* de ce roi qu'eut lieu le démembrement de la baronnie du Pont-de-Camarès.

Du reste, un titre postérieur ne laisse aucun doute à cet égard. Ce sont des lettres patentes qui autorisent l'érection de fourches patibulaires *in terra et baronia de Planis*.

I. BERNARD DE MARTRIN, le plus ancien seigneur connu de cette famille , était assisté dans la prise de possession de la terre d'Esplas, en 1349, de Héliot de Martrin, son frère, précepteur (commandeur) de l'ordre de Saint-Jean de Jérusalem , et vivait encore en 1376. Bernard de Martrin défendit son château contre les Anglais, qui avaient à cette époque envahi le Rouergue ; mais il souffrit beaucoup de leurs attaques , et perdit même pendant le siége plusieurs de ses enfans, tombés sous le fer de l'ennemi , comme il conste d'après une sentence du sénéchal de Rouergue du 18 octobre 1376 , qui ordonne aux habitans d'Esplas de garder ledit château jour et nuit. Il eut de sa femme , dont le nom est resté ignoré , Brenguier, qui suit :

II. BRENGUIER ou BÉRENGER DE MARTRIN, seigneur d'Esplas, testa le 6 mars 1411 , laissant, entre autres enfans , de sa femme, Jeanne de Lévis, fille de Raymond :

1° Bertrand , ci-après ; 2° Olivier ou Olman , qui suivra , substitué à son frère Bertrand ; 3° Arnaud , coseigneur de Ferrayrolles , vivant encore en 1480, auteur de la branche de Ferrayrolles , établie plus tard en Languedoc , où elle existe encore sous le nom de Martrin-Donos ; 4° Guillaume, époux, le 4 juin 1411 , d'Indie de Raffin , fille de Raymond-Pierre , seigneur de La Raffinie.

III. BERTRAND DE MARTRIN, seigneur d'Esplas et de Ferrayrolles, rendit hommage pour ses terres, entre les mains du sénéchal Lardit de Bar, le 12 janvier 1461. Il eut pour enfans :

1º Brenguier, marié, en janvier 1480, à Louise de Narbonne, fille d'Antoine, seigneur de Loupian, et 2º Olivier de Martrin, morts l'un et l'autre sans postérité.

III. OLIVIER DE MARTRIN, seigneur d'Esplas et de Ferrayrolles, qualifié chevalier dans plusieurs actes, épousa, en 1445, Hélipse d'Adhémar-Villelongue, fille de Rigal et de Célébie de La Barrière, dont :

1º Jean, qui suit ; 2º Barthélemi, qui testa, le 5 décembre 1512, en faveur d'Alexis, son neveu ; 3º Catherine, femme, le 10 janvier 1494, de Guillaume du Caylar, seigneur d'Espondillan.

IV. JEAN DE MARTRIN, Iᵉʳ du nom, seigneur d'Esplas, s'allia, le 15 décembre 1507, à Catherine de Puech ou del Puech. Il fut pourvu, le 10 décembre 1484, par le sire d'Albret, curateur de la personne et des biens du comte Charles d'Armagnac, du commandement des places de Bénaven et de Montézic, et par lettres patentes du roi Charles VIII, en date du 23 mai 1485, de l'office de capitaine-châtelain du château de Roquecezière, « récompense due, disent ces lettres, aux grands et recommandables services rendus à Sa Majesté, par son très-chéry ami Jehan de Martrin. » Ses enfans furent :

1º Alexis, dont l'article suit ; 2º Guillaume, qui vivait encore en 1546.

V. ALEXIS DE MARTRIN, seigneur d'Esplas, se maria trois fois :

1º Par contrat du 15 juin 1534, avec Jacquette d'Homs-Patau, dont il n'eut pas d'enfans ;

2º Le 3 février 1546, avec Françoise de Gizard ;

3º Avec Claire de La Redorte, qui vivait, sans enfans, en 1572.

Ses enfans du deuxième lit furent :

4º Jean , qui suit ; 2º Jeanne, femme de Joseph de Narbonne , dont elle était veuve le 29 mai 1572 ; 3º Marquise, mariée, en 1580, à Jean d'Ortiguié , seigneur du Soulié , près de Lencou ; 4º Louise ; 5º Claire , et 6º Lucie de Martrin.

VI. JEAN DE MARTRIN , IIe du nom , seigneur d'Esplas, prit alliance , le 11 novembre 1565 , avec Thomasse d'Albert , et testa le 20 décembre 1612. Il avait eu de son mariage Marquès, ci-après :

VII. MARQUÈS DE MARTRIN , seigneur d'Esplas et de La Ginie, fournit au roi, en 1609, son dénombrement pour raison des seigneuries, rentes et fiefs nobles qu'il possédait dans le pays de Rouergue, relevant de Sa Majesté, dans lequel dénombrement sont compris la terre et le village *des Plots*, avec justice haute, moyenne et basse , confrontant avec les seigneuries de Rebourguil , de Beaumont, de Combret , de Saint-Juéry et d'Innoux ; et audit village *des Plots,* un château orné de quatre tours, que ledit seigneur dénombrant tient en foi et hommage de Sa Majesté.

Marquès de Martrin avait épousé , le 7 octobre 1599 , Christine-Diane de Lestang, fille d'Antoine de Murat de Lestang, seigneur de Pomayrols , et de Jeanne de Bérail de Paulhac. Il en eut :

VIII. JEAN DE MARTRIN , IIIe du nom , seigneur d'Esplas et de La Ginie , marié , le 4 octobre 1627 , à Jeanne d'Alboy , fille de Jacques d'Alboy de Montrozier, et d'Anne de Bénaven , qui le rendit père de :

1º FRANÇOIS , sieur de Bladiès , qui suit ;

2º CHARLES, sieur de Montredon, qui fixa sa résidence à Valence, en Albigeois, auteur d'une branche rapportée ci-après;

3º FRANÇOIS, seigneur de Saint-Martin , vivant , en 1721 , au Pont-de-Camarès, où il s'était établi, lequel eut de N .. de Bœuf Jean de Martrin , allié à Marie-Anne d'Audouls, fille de Jean et d'Anne de Cabrol de Roquefère, d'où sont issus :

A Barthélemi de Martrin , vivant en 1776 ;

B Jean, conseiller du roi , mort en 1750 ;

C Jean-François , baptisé en 1706. Ce rameau , qui est éteint, avait pour armes : *De gueules, à l'aigle couronné d'argent.*

4° MARGUERITE ;

5° JEAN , sieur de Vialaret :

6° MARQUISE, femme de Pierre de Gisclard , écuyer, du lieu d'Ambialet ;

7° ALEXIS DE MARTRIN , qui obtint de ses frères , par acte du 14 avril 1684 , la cession du domaine de Cambors et du moulin du Pouget, près de Valence, épousa Marie de Clergue de Latonié , le 22 janvier 1701 , et en eut :

    A François de Martrin , sieur du Pouget et de Cambors , époux d'Anne Carcenac, des environs de Valence, dont :

        a Madeleine ; *b* Marie, femme, en 1777, de N..... Calmès , de Saint-Just , avocat en parlement, père de Marie-Joseph-Louis Calmès , né en 1778 , aujourd'hui conseiller à la cour royale de Toulouse ; *c* Charles, prêtre.

    B Marie de Martrin, qui épousa, le 2 décembre 1738, noble Jacques-Philippe de Rames de La Salle ;

    C Madeleine , domiciliée à Gaillac , qui donna ses biens à son frère François, sieur du Pouget, le 22 octobre 1772.

IX. FRANÇOIS DE MARTRIN , seigneur d'Esplas, épousa : 1° par contrat du 22 janvier 1654, Marguerite de Lévezou de Vesins, fille de Jean et d'Anne de Garceval , décédée sans enfans ; 2° le 7 octobre 1680 , Isabeau de Nozier (1) , fille de François de Nozier, seigneur de Laval , et de feu Gabrielle du Puy, de Saint-Sernin. François mourut le 25 novembre 1698. Isabeau de Nozier, sa veuve, testa le 27 août 1710, et mourut à Vabres , le 8 juillet de l'année suivante, laissant de son mariage :

1° François, dont l'article suit ; 2° Joseph, prêtre bénéficier au chapitre Saint-Just de Narbonne ; 3° Louis, prêtre et chanoine de Saint-Sernin ; 4° Jeanne, mariée à Jean-François de Boziat de Mantelet, dont il sera question ci-après ; 5° Marthe, femme de Charles de Bardières de Bornussel ; 6° Gabrielle, qui épousa André Pujol, de Saint-Sernin ; 7°, 8° et 9° Anne , Marie et Marguerite de Martrin , religieuses au couvent de Saint-Affrique.

(1) Nozier porte : *D'argent, au noyer arraché de sinople.*
Isabeau de Nozier était une très-belle femme , d'après son portrait qui est encore au château d'Esplas.

X. FRANÇOIS DE MARTRIN , II⁰ du nom, seigneur
d'Esplas, né en 1690, capitaine au régiment de Guienne,
fut tué d'un coup de canon à la glorieuse journée de
Denain , le 24 juillet 1712. Il avait institué , en 1709, pour
son héritière , Isabeau de Nozier, sa mère, à la charge de
rendre l'hérédité à Jeanne, sa sœur, femme de M. de
Mantelet.

X. JEANNE DE MARTRIN, restée l'unique héritière de
la terre et seigneurie d'Esplas, eut de son mariage avec
François de Boziat de Mantelet, originaire de Nevers :

1° FRANÇOIS DE BOZIAT, gendarme du roi , mort sans postérité;
2° LOUIS , dit L'ABBÉ DE BOZIAT, chanoine de Vabre , prieur
de Montégut et de La Roque , mort le 4 octobre 1764 ;
3° MARIE-JEANNE , héritière d'Esplas , qui épousa , le 11 octobre 1733, Jean-Marc-Alexandre de Gaujal de Montalègre,
originaire de Saint-Sernin, fils de Charles de Gaujal de Montalègre , conseiller du roi , lieutenant du sénéchal, et juge
civil et criminel de la ville et comté de Castres, au siége de
Curvalle, et de Suzanne de Bosquat , de la ville de Saint-
Sernin.

Jean-Marc de Gaujal, né en 1714, embrassa la carrière des armes,
passa au service d'Espagne , devint brigadier des armées du roi et
gouverneur de Barcelone , où il mourut en 1792. Il commandait , en
1785, le régiment de cavalerie de Saint-Jacques , et s'était trouvé au
siége de Gibraltar.

Anne de Gaujal de Montalègre , fille unique issue de ce mariage ,
hérita du château d'Esplas , à la mort de son oncle, et s'allia , en
1759 , à Jean-Pierre de Cambiaire , du Fraysse.

(La filiation ci-dessus est établie jusqu'à Jean de Martrin,
III⁰ du nom, d'après l'inventaire des titres produits
devant M. de Boyer, secrétaire-général de la province
du Languedoc, par ledit Jean de Martrin , le 15 juin
1676. Le reste, d'après les titres de famille qui se trou-
vent à Esplas et à Valence.)

I.

DE CAMBIAIRE,

Seigneurs barons d'Esplas.

ARMES : *D'azur, semé de fleurs de lis et de mo-
lettes d'éperon d'or, au lion d'or couronné et
lampassé du même.*

I. ELIE DE CAMBIAIRE, seigneur de Molières (1), en
Albigeois, le premier auteur connu de cette famille, avait
épousé, en 1602, Marquise d'Ortiguié, fille de Jean, seigneur du Soulié, que nous avons vu plus haut marié à
Marquise de Martrin d'Esplas.

II. ETIENNE DE CAMBIAIRE, sieur de Molières, fils
d'Elie, épousa, en 1656, Catherine d'Alari, et en eut :

III. ANTOINE DE CAMBIAIRE, marié, en 1685, à
Marie Dupuy, dont :

IV. JEAN-PIERRE DE CAMBIAIRE, sieur de Molières,
allié, en 1730, à Brigitte de Cahuzac, qui le rendit père
d'autre Jean-Pierre, dont on va parler.

V. JEAN-PIERRE DE CAMBIAIRE, seigneur de Molières, conseiller du roi, lieutenant du sénéchal de Castres
et juge de Curvalle, eut d'Anne de Gaujal de Montalègre :

1° JEAN-FRANÇOIS-ALEXANDRE, qui suit;
2° JEAN-BAPTISTE DE CAMBIAIRE, docteur de Sorbonne, chanoine de Montpellier, chevalier de la Légion-d'Honneur,
mort le 21 février 1846;

(1) Petit fief situé non loin d'Esplas.

3° ALEXANDRE-CHARLES DE CAMBIAIRE, chanoine d'Albi, mort le 14 septembre 1843 ;

4° ADÉLAÏDE DE CAMBIAIRE, femme, en 1790, de N.... Bermond de Villeneuve.

VI. JEAN-FRANÇOIS-ALEXANDRE DE CAMBIAIRE, seigneur baron d'Esplas, conseiller à la cour royale de Toulouse, avait épousé, en 1795, Marie Félicité d'Alingrin du Falgous, d'où sont issus :

1° JEAN-FRANÇOIS-ALEXANDRE-EMILE, qui suit ;

2° JEAN-JOSEPH-AMÉDÉE DE CAMBIAIRE, colonel du 1er régiment de cuirassiers (1), officier de la Légion-d'Honneur, marié, en 1840, à Eugénie de Cabiron ;

3° JOSÉPHINE DE CAMBIAIRE, femme, en 1832, d'Emmanuel Périé.

VII. JEAN-FRANÇOIS-ALEXANDRE-EMILE DE CAMBIAIRE, ancien magistrat, a eu de son mariage, contracté, en 1823, avec Marguerite Léontine Espigat de Boduer ;

1° Marie-Joseph-Félix-Léon, né le 22 août 1830 ; 2° Marie-Joseph-Pierre-Amédée, né le 17 mai 1832, sous-lieutenant au 6° régiment de hussards; 3° Marie-Joséphine-Jacquette-Félicité-Olympe, née en juin 1834 ; 4° Marie-Joseph-Henri, né le 10 janvier 1839; 5° Marie-Joseph-Alexandre-Eugène, né le 30 avril 1841.

(*Extrait du Livre d'or de la noblesse de France*, par M. de Magny, registre 1er, p. 159.)

---

(1) Promu le 3 janvier 1851.

II.

DE MARTRIN-DONOS,

Seigneurs de Ferrayrolles, puis de Donos, en Languedoc.

Armes : *Ecartelé aux 1 et 4 d'or, à l'aigle couronné de gueules*, qui est de Martrin ; *aux
2 et 3 de gueules, à trois fasces d'argent*, qui
est de Donos.

III. ARNAUD DE MARTRIN, deuxième fils de Brenguier, coseigneur de Ferrayrolles (1), habitant le Pont-de-
Camarès, eut deux enfans : 1° Pierre, donataire de son
père en 1480 ; 2° Jean, écuyer de Gui Iᵉʳ d'Arpajon, qui
épousa, en 1473, Catherine Jothon de La Fosse, du diocèse de Tours.

IV. PIERRE DE MARTRIN, seigneur de Ferrayrolles,
habitant le Pont-de-Camarès, qualifié écuyer, comme son
frère, de Gui Iᵉʳ d'Arpajon, s'allia, en 1473, à Isabel de
Castanet, fille de Jean et de Jeanne de Balaguier, et reçut
en don, à cette occasion, de Gui d'Arpajon et de Marie
d'Aubusson, sa femme, le château de Castelfranc, près
de Montredon, dans le diocèse de Castres, ainsi que des
censives et autres biens dans le même pays. Du mariage
de Pierre :

V. FRANÇOIS DE MARTRIN, habitant le Pont-de-
Camarès, marié, en 1510, à Jeanne de Capluc, fille de
Pons, dont :

1° Jean, qui continue la filiation ;

(1) Ferrayrolles, chef-lieu de commune entre Martrin et Saint-Juéry, avait
jadis un château seigneurial, appartenant a la famille de Martrin. Les armes
de Martrin sont encore à la voûte du chœur de l'église ruinée de ce lieu.

2º CHARLES, établi dans le canton de Maurs, en Auvergne, et qui fit branche.

Son fils épousa Anne de Soubeyran, dont il eut Pierre de Martrin, qui, d'après d'Aubais, fut gentilhomme servant de la reine Marguerite de Valois en 1609, et s'allia à Anne de Gouzon. De ceux-ci, vint Jean-Antoine, sieur de La Valade, qui épousa, en 1626, Gabrielle d'Estaing. Jean de Martrin, leur fils, prit alliance, en 1676, avec Marie de Conquans. Il est qualifié par d'Aubais (noblesse d'Auvergne) écuyer, seigneur de La Garde, domicilié au château de La Bouygue, paroisse de Leynhac, prévôté de Maurs. Joseph de Martrin, issu des précédens, est le dernier de cette branche qui nous soit connu.

VI. JEAN DE MARTRIN, seigneur de Ferrayrolles, épousa, par contrat du 17 avril 1534, devant Barbuti, notaire de Camarès, Claire de Bédos, fille de noble Jean de Bédos, seigneur de Pénedès, habitant d'Ouveillan (Aude), dans le diocèse de Narbonne.

VII. GABRIEL DE MARTRIN, seigneur de Ferrayrolles, issu de ce mariage, épousa, en 1563, Catherine Donnes ou Donos, fille de Jean de Donos, seigneur dudit lieu, au diocèse de Narbonne. Catherine, après la mort et la donation de ses frères et sœurs, réunit sur sa tête l'entier patrimoine de sa famille, et ses enfans quittèrent alors le titre de seigneurs de Ferrayrolles pour prendre celui de seigneurs de Donos (1). Ils écartelèrent aussi leurs armes de celles de cette dernière maison.

VIII. ANTOINE DE MARTRIN, seigneur de Donos, fils de Gabriel, fixa sa résidence au château de Donos, et eut de son mariage, contracté, en 1600, avec Violente de Gléon, fille d'Odoart de Gléon, seigneur de Durban, et de Gabrielle de Voisins.

---

(1) L'origine de la famille de Donos se perd dans la nuit des temps. Celle de Martrin qui lui a succédé possède encore très-intact le capitulaire de Charles-le-Chauve de l'an 859, qui l'investit du fief de Donos, et ce domaine est toujours dans la famille. La terre de Donos est située dans les Corbières, au diocèse de Narbonne.

IX. FRANÇOIS DE MARTRIN, seigneur de Donos, marié, en 1638, à Marguerite d'Aldebert, dont :

X. GABRIEL DE MARTRIN, seigneur de Donos, qui épousa, en 1667, Angèle d'Authemar, père et mère de :

1° Henry, ci-après : 2° Marie, femme, en 1689, de Marc-Antoine de Grave, seigneur d'Espalaïs.

Gabriel de Martrin fut maintenu dans sa noblesse, en Languedoc, le 19 novembre 1668 (*d'Aubais*).

XI. HENRI DE MARTRIN, seigneur de Donos, allié, en 1693, à Marguerite de Barrès.

XII. ANTOINE DE MARTRIN, seigneur de Donos, fils du précédent, prit alliance, en 1724, avec Marie-Thérèse de Soubleyras, fille de François de Soubleyras, chevalier de Saint-Louis, major de la place de Narbonne, et de Simonne de Léonard, dont :

1° Gabriel, capitaine dans les gardes-côtes; 2° Marc-Antoine, chevalier de Saint-Louis, capitaine au régiment de Champagne; 3° Guillaume, qui suit :

XIII. GUILLAUME DE MARTRIN, seigneur de Donos, marié, en 1764, à Rose de Bosc, dont :

1° MARC-ANTOINE, ci-après ;
2° ETIENNE DE MARTRIN-DONOS, sieur de Massac, qui, de son mariage avec Joséphine Ducup, a eu un fils, Hippolyte, comte de Martrin-Donos, marié à Mathilde d'Auxillon, et une fille, Elisa, mariée à Xavier Périé ;
3° LOUIS, chevalier de Donos, décédé célibataire en 1842 ;
4° AUGUSTE DE MARTRIN-DONOS, appelé à succéder à la branche de Valence ;
5° PAULIN DE MARTRIN-DONOS, sieur de Saint-Estève, qui, de N...., de Nègre de Villetritouls, a eu un fils, Martial, et une fille, Henriette. Il habite Saint-Estève de Donos ;
6° HENRIETTE, ayant épousé N..... Laffont ;
7° ROSE-CHRISTINE DE MARTRIN-DONOS, habitant le château de Nébrouse, près de Castres (Tarn), avec son mari, Saint-Sauveur Périé de Nébrouse.

XIV. MARC-ANTOINE DE MARTRIN-DONOS, seigneur
de Donos, épousa, en 1791, Marie-Madeleine de Gros-
d'Homps, dont sont issus :

    1° ANTOINE-GUILLAUME-EUGÈNE, qui suit ;

    2° JULIEN-VICTOR, COMTE DE MARTRIN-DONOS, garde-du-corps
du roi, en 1824 ; marié, en 1840, à Fœdora d'Imbert
de Corneillan, fille de Michel d'Imbert, vicomte de Corneillan, et d'Augustine de Boyer de Tauriac. Il est membre de
plusieurs sociétés savantes et habite Montauban.

    3° GABRIELLE-ALBINE, mariée, en 1821, à Dominique-Sau-
veur-Louis de Poumayrac-Rieuvergnet, dont deux fils :
        Louis, époux de Marie-Valentine-Jos-Henriette de Vesins,
        fille de Louis-Pierre-Paulin et d'Henriette-Charlotte-Zoé
        de Lastic Saint-Jal, et Alfred, marié à sa cousine, Léonie
        de Poumayrac-Masredon ;

    4° HENRI-ERNEST, VICOMTE DE MARTRIN-DONOS, marié : 1° en
1830, à Justine-Octavie Guiraud, fille d'Alexandre Guiraud
et de N.... Fabre de Massaguel ; 2° en 1849, à Henriette
Foache, fille du baron Foache. Il habite le château de
Bruyères, près de Moularès (Tarn).

    5° CHRISTINE-CONSTANCE, mariée, en 1831, à Henri de Pou-
mayrac, chevalier de la Légion-d'Honneur, juge au tribunal
de première instance de Toulouse.

    6° LOUIS-GUSTAVE, BARON DE MARTRIN-DONOS, marié, en
1848, à Thérèse d'Auderic, fille de Joseph d'Auderic, ancien
préfet, et de N.... de Villeneuve. Il habite le château de
Lebrettes, près de Narbonne.

XV. ANTOINE-GUILLAUME-EUGÈNE, comte DE
MARTRIN-DONOS, ancien mousquetaire, chef actuel de
la famille, a épousé, en 1822, Mathilde d'Esquieu, fille
d'Alexandre et de Jacquette Tapié-Mengau de Celeyran,
dont plusieurs enfans (*Titres et renseignemens fournis par
M. le vicomte de Martrin-Donos*).

C'est de la branche de Martrin de Ferrayrolles, trans-
portée à Ouveillan, que l'on croit sorti saint François Ré-
gis, qui était, dit le Père Daubenton, son historien, né à
Foncouverte (Aude), et originaire de la noble famille d'Esplas, du Rouergue.

III.

BRANCHE DE VALENCE.

Armes : *De gueules, à l'aigle couronnée d'or.*

IX. CHARLES DE MARTRIN, seigneur de Montredon, de Puech-Blanc, de La Génie, de La Caumelte, etc., deuxième fils de Jean III et de Jeanne d'Alboy, ayant réuni par des transactions avec ses frères, les principaux fiefs de la famille, situés en Albigeois, fixa sa résidence à Puech-Besiat, près de Valence, et servit dans l'arrière-ban avec la noblesse de Languedoc en 1691. Il avait épousé, le 23 décembre 1678, Jeanne de Bosquet, fille de Jean, lieutenant en la judicature de Valence, et de Cécile de Calvière, sœur d'Antoine, seigneur de La Bruguière. Elle testa en 1724, laissant :

1° Alexis, prêtre, chanoine à la cathédrale de Vabres; 2° Jeanne; 3° Pierre, qui suit; 4° Marie-Jeanne, femme, en 1721, de François Bermond, sieur de Caucergniousse; 5° Françoise.

X. PIERRE DE MARTRIN D'ESPLAS, sieur de Puech-Blanc et de Puech-Bésiat, né en 1692, mort à Valence en 1757, avait épousé Cécile de Gisclard, de Combe-plane, dont :

1° Joseph-Bernard-Charles, ci-après; 2° Jean-Pierre-Jacques de Martrin, chevalier de Saint-Louis, capitaine de grenadiers au régiment royal-Comtois, major commandant le château de Villefranche, en Roussillon, en 1777, mort pendant la Révolution sans avoir été marié.

XI. JOSEPH-BERNARD-CHARLES DE MARTRIN D'ESPLAS, sieur de Puech-Bésiat, de Puech-Blanc, etc., épousa, en 1775, à Toulouse, Marie-Pierre de Malard, fille de Pierre-François de Malard, sieur de La Bastide, et de feu Marie-Madeleine de Roquelaure.

N'ayant pas eu d'enfans de ce mariage, il appela à lui succéder, en 1805, Auguste de Martrin-Donos, son parent, de la branche établie en Languedoc.

XII. AUGUSTE DE MARTRIN-DONOS épousa, la même année, sous les auspices de son parent adoptif, Marie-Thérèse de Bermond, dont il a eu :

1° Léon de Martrin, abbé de la Trappe de Staouëli, en Afrique (1), sous le nom de *Jean-François-Régis* ; 2° Justin, d'abord militaire, puis trappiste dans le couvent de son frère à Staouëli ; 3° Achille, directeur de l'enregistrement, à Aurillac ; 4° Zoé, femme de Victor Roques de Valence ; 5° Paulin et quatre autres filles, dont trois sont mariées.

(1) Il est aujourd'hui procureur-général des trappistes de France à Rome.

Rodez, Imprimerie de N. RATERY, rue de l'Embergue, 21.